LIEBE
S/LEX
IKON

verlag hermann schmidt

Vorwort

Hand aufs Herz: hätten Sie gewusst, wie Dr. Sommer wirklich hieß? Was Dendrophilisten so treiben? Welcher Galan das »Y« des Hollywood-Schriftzugs rettete? Wem die Rettichstrafe wo wehtut und was auch Bonobos können?

33 aktuelle und ehemalige Studierende der Klasse Hickmann – der Klasse für Grafikdesign und Kommunikationsdesign an der Universität der Künste Berlin – wussten es. Und sie brachten für dieses illustrierte Lexikon zu Papier, was Sie schon immer über Liebe wissen wollten, aber bisher nicht zu zeichnen wagten.

Wie schon einst für die Entstehung des *Taschenlexikons der Angst* (Verlag Hermann Schmidt, 2012) zog es im Hochsommer 2015 die Studierenden und die Lehrenden der Klasse in ein altes Gutshaus in den Weiten Brandenburgs. War es damals die Atmosphäre der wild um das Anwesen wuchernden Wälder mit tiefen Tümpeln und undurchdringlichem Unterholz, die das Lexikon zu einem wahren Testament der Angst werden ließ, leuchteten für die Arbeit am *Liebeslexikon* nun hell die Felder, summten sanft die Bienen, sangen betörend die Nachtigallen und wurden herzförmig die Gedanken. An übermütigen Hundstagen und in lauschigen Vollmondnächten wurde gezeichnet, geredet, getrunken, getanzt, geraucht, geschrieben und das Leben geliebt!

141 der dabei entstandenen Begriffe und Zeichnungen sind sorgsam für dieses liebevolle Büchlein zusammengetragen worden, vom *Abturner* bis zum *Zungenkuss* – das erste Lexikon mit Happy End!

Fons Hickmann, Martin Conrads, Franziska Morlok

Autor*innenverzeichnis

R

Rapport Marion Alina Kliesch
Reich Timm Hartmann
Reizwäsche Benedikt Rottstegge
Rettichstrafe Victoria Knabe
Ringfinger Timm Hartmann
Romantik Nora Hollstein
Romeo und Julia Siyu Mao
Rosenkrieg Vera Kellner

S

Sade Marie Scheffzük
Schmetterlinge im Bauch Catharina Dörr
Schmusen Franziska Loos
Schulmädchenreport Lena Wessel
Schwärmerei Lena Wessel
Selbstliebe Anne-Sophie Plèche
Sokrates Franziska Loos
Spanner Franziska Loos
Stellungswechsel Marion Alina Kliesch
Stimulation Vera Kellner
Symphorophilie Lucas Liccini

T

Tentakelerotik Berit Gilma
Tierliebe Daniela Fetz
Tinder Andy King
Tollheit Victoria Knabe
Treibsandfetisch David Gobber
Trennung Timm Hartmann

U

Umarmung Stefanie Rau

V

Valentinstag Andy King
Vanitas Marion Alina Kliesch
Verblendung Cathrine Mason
Verhütung Susann Stefanizen
Viagra Tucker McLachlan
Virtuelle Liebe Siyu Mao
Vorspiel Siyu Mao

W

Weihnachten Marie Scheffzük
Wolke 7 Susann Stefanizen
WTF Lena Wessel

X

Xanthippe Lucas Liccini
Xenophilie Anne-Sophie Plèche

Y

Y-Chromosom Pia Steidl

Z

Zeus Andy King
Zigarette danach Vera Kellner
Zote Denis Yılmaz
Zuckerschnecke Pia Steidl
Zuflucht Marion Alina Kliesch
Zungenkuss David Gobber

A

Abturner, der; meist Bild oder Gedanke; schwächt die zuvor gewonnene Erregung ab.

Agape, die; griechisches Wort für *Liebe*. Im weiteren Sinn eine Liebe, die von Gott inspiriert ist und eine bedingungslose, einseitige, befreiende und auf Andere zentrierte Form dieser darstellt.

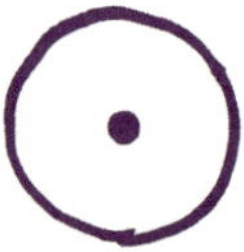

Asexualität, die; bezeichnet den Mangel an Interesse an oder die völlige Abwesenheit von sexuellen Handlungen. Durch den Wunsch nach Kindern oder bei Beziehungen mit nicht-asexuellen Partnern kann es dennoch einvernehmlich zum Koitus kommen. Für eine sehr ausgeprägte Form der A. war Adolf Hitler bekannt, der durch einen fanatischen Zwang zur Sauberkeit keine Berührungen ertragen konnte. Die strenge Hygiene erlaubte keine Liebe mit Anfassen.

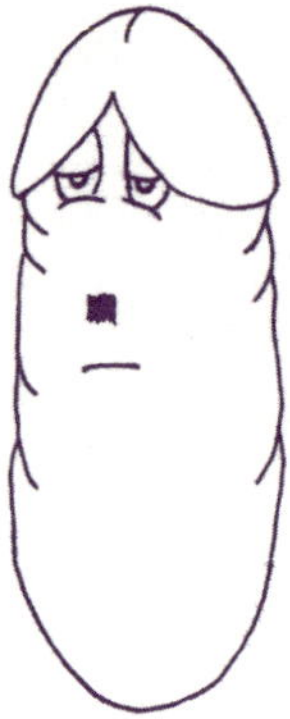

Autonomie, die; bezeichnet einen Zustand der Unabhängigkeit und Selbstbestimmung, der häufig in Paarbeziehungen abhanden kommen kann. Die A. ermöglicht es, eigenständig Standpunkte zu vertreten und Entscheidungen zu treffen, ohne dass es der Überprüfung durch einen Partner bedarf. Wer sich die A. bewahrt, kann alleine mit einer Meinung sein und braucht zu seinem Ping nicht immer das Pong eines Partners.

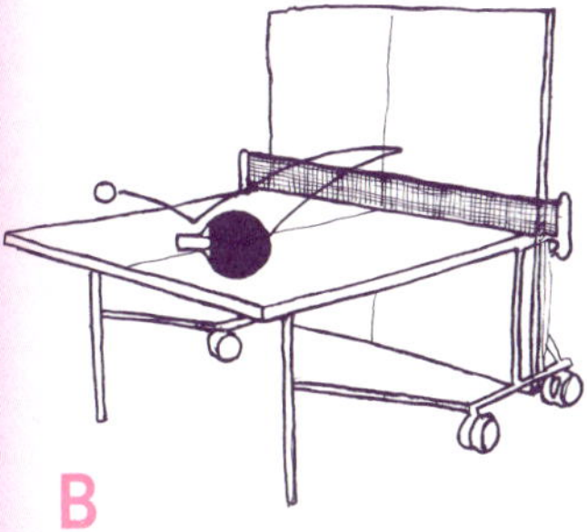

B

Barthes, Roland; seinem Nachnamen zum Trotze trug der französische Schriftsteller, Philosoph und Autor der *Fragmente einer Sprache der Liebe* keinen Bart.

Bataille, Georges; französischer Schriftsteller, der durch ein Trauma eine Perversion entwickelte, die sich in einer schrägen Verbindung von Tod und Sexualität ausdrückte.

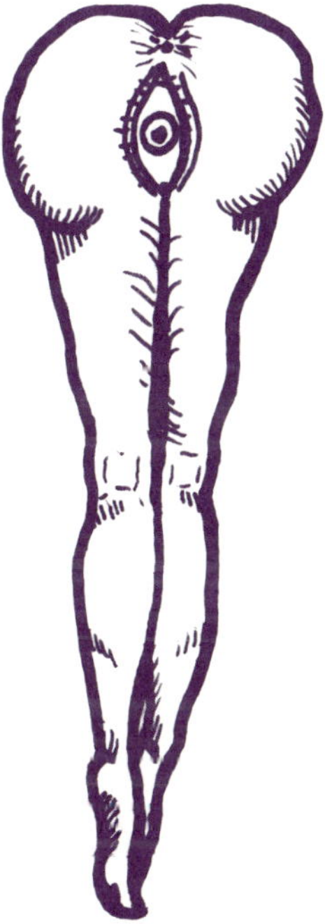

Bauer sucht Frau; deutsche Version des britischen TV-Formats »Farmer wants a wife«. In der auf *RTL* ausgestrahlten Sendung suchen männliche Landwirte – von raubeinigen Rinderwirten über flotte Forellenzüchter bis hin zu schüchternen Schweinebauern – die Frau fürs Leben.

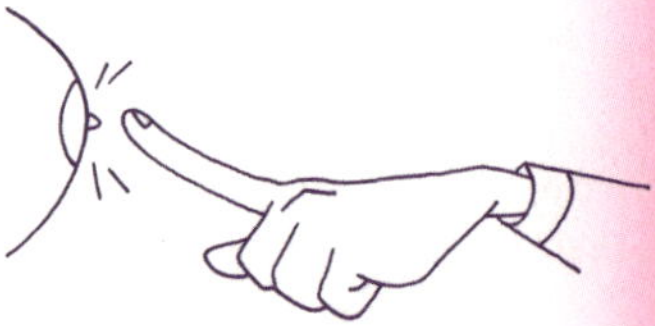

Beziehungsangst, die; bezeichnet den Rückzug vor einer festen Bindung zu einem geliebten Subjekt, meist aus Angst vor den eigenen Gefühlen. Die Betroffenen haben die Befürchtung, beim Eingehen einer Beziehung geliebt zu werden, was Geborgenheit, Glück und Verliebtheit zur Folge haben könnte. Verständlich!

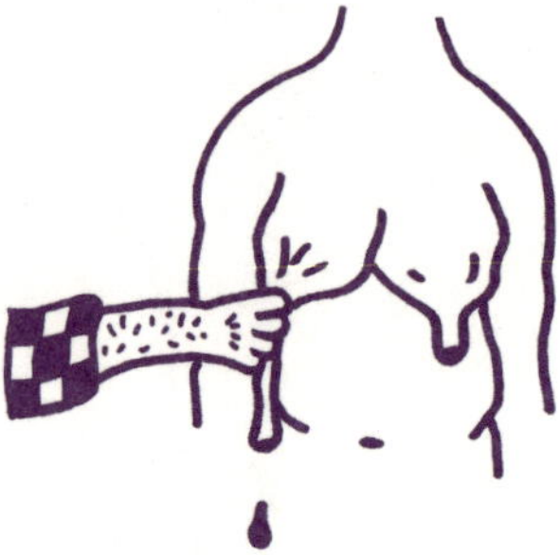

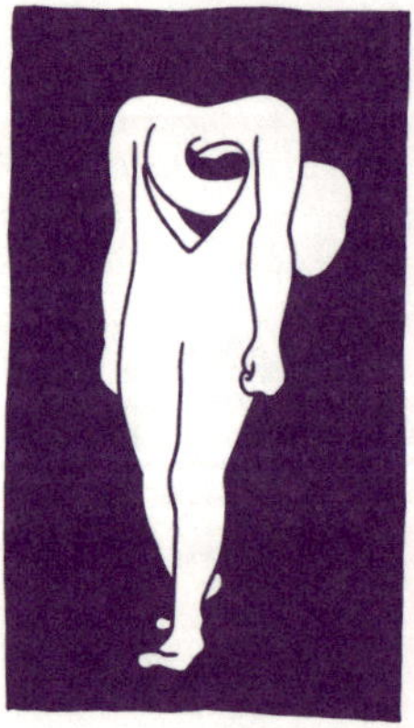

Berührung, die; auch *Körperkontakt* genannt. Eine B. ist der Kontakt mit dem eigenen oder einem fremden Körper. Die Intensität kann dabei stark variieren. Die B. kann einen sanften Kontakt mit den Lippen oder Händen darstellen, aber auch einen kräftigen Schlag mit der Faust. Bei Verliebten löst eine liebevolle B. meist ein warmes Kribbeln im gesamten Körper aus.

Blender, der; auch Aufschneider, Hochstapler, Prahlhans, Zampano (großer), Held vom Erdbeerfeld, Graf Koks von der Gasanstalt, Kneipenkaiser, Renommist, Gimpel (aufgeblasener), Schaumschläger, König Rotz von der Backe, Profilneurotiker oder Windbeutel. Der B. hat eine große Klappe und nichts dahinter; er erzählt viel, wenn der Tag lang ist und tut so als ob.

Booty Call, der; bezeichnet als eine Variante des *Casual Sex* die spätabendliche Kontaktaufnahme über verschiedene Kommunikationsmedien mit der Absicht des Arrangierens von sexuellen Aktivitäten.

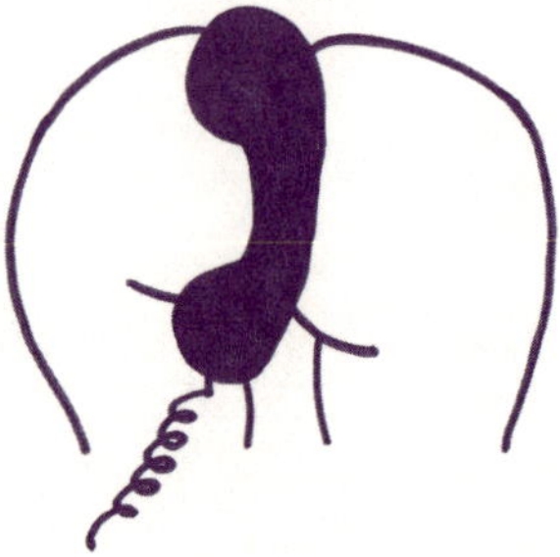

C

Cunnilingus, der; sexueller Akt, bei dem eine Person ihr Gesicht direkt an den Intimbereich einer weiblichen Person presst, um diesen mit Zunge und Nase zu stimulieren.

Bukkake; Nomen des japanischen Verbs *bukkakeru*, Wasser spritzen. Bei der Sexualpraktik des B. ejakulieren mehrere Männer per Hand auf eine weitere Person, welche sich in der Mitte des Geschehens befindet. Neben Gesichts-B. (engl. *Facial*) existieren auch Brust-, Brillen- oder Gesäß-B.

Cybersex

Cybersex, der; Angst vor Realitätsverlust durch C. brachte in den 1990er Jahren einprägsame Bilder von mittels Ganzkörperdatenanzügen hyperreal Telekopulierenden hervor. C. erschien so als Dystopie bei gleichzeitiger Fetischisierung digital vernetzter Sinnlichkeit im virtuellen Raum. Mittlerweile ist C. (auch: *Internet-Sex*) Alltag, spielt sich in der Regel allerdings eher in Form von Text- und Video-Chats ab (»Wanna cyber?«, »Wanna cam?«). Durch mit nahezu fotorealistischer 3D-Grafik ausgestattete Datenhelme könnten heute – in Verbindung mit sogenannten *Teledildonics* – die Wearable-basierten C.-Fantasmen von damals Realität werden.

D

Delirium, das; Verlust des Realitätsbezugs, oftmals begleitet von Ruhelosigkeit, Halluzinationen und Fieber. Soll es auch nüchtern geben. Auch bekannt als willkommene Abwechslung vom gesellschaftlichen Normalvollzug.

Dendrophilie, die; bezeichnet als Spielart der Objektsexualität die sexuelle Neigung zu Bäumen. Dendrophilisten können sich von den fleischigen Ausbuchtungen und der glatten Rinde – etwa einer Buche – angezogen fühlen und so durch eine als archaisch-sexuelle Urkraft empfundene Libido-Regung zu geschlechtsverkehrsähnlichen Handlungen an dem Baum verleitet werden. Die Stärke des Baumes, mit dem pulsierenden Leben des Waldbodens verbunden, wirkt auf Dendrophilisten erregend.

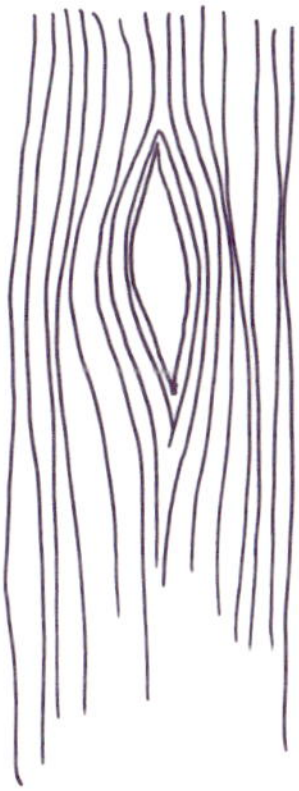

Doppelmensch, der; mag nicht entscheiden, ob er ein oder zwei Personen ist. Sich selbst überraschend, möchte er in ein- und demselben Moment bleiben und gehen, sprechen und schweigen, teilen und trennen. Ständig bemüht um den Ausgleich beider Personen, führt der D. ein bewegtes Leben.

Dr. Sommer; unter diesem Namen beantwortete der Psychotherapeut Martin Goldstein (1927–2012) von 1965 bis 1984 in der Zeitschrift *Bravo* Fragen wie »Macht Masturbation krank, schwul oder unfruchtbar?« mit »Alles ist gut!« und »Bleib so wie du bist!«.

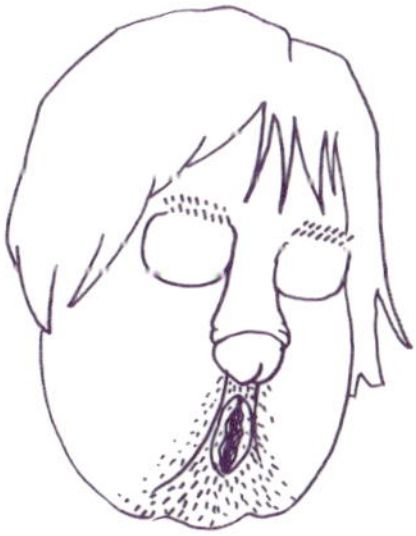

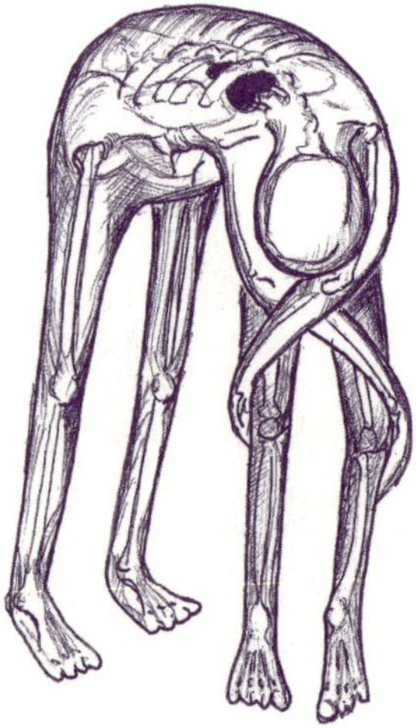

Duschkopf, der; beliebtes Mittel bei der weiblichen Masturbation. Der D. wird mit einem starken Duschstrahl auf die Klitoris gerichtet und erzeugt ein von Frauen wohlempfundenes sexuelles Gefühl. Mit der geübten Handhabung kann es bei dieser Technik bis zum Höhepunkt (*Orgasmus*) kommen. Frauen, die diese Technik zur Masturbation anwenden, verbringen oftmals mehrere Stunden bei romantischer Musik in ihrem Badezimmer, um diverse erogene Zonen ihres Körpers mit dem D. zu bearbeiten.

Du; Anrede an verwandte oder vertraute Personen und an Kinder, Gott oder göttliche Wesenheiten, gelegentlich an Untergebene, personifizierend an Dinge und Abstrakta. Z. B.: »Du hast recht!« oder »Du Glücklicher!«. D. wird als Redewendung in Sätzen wie »Wie du mir, so ich dir!«, »Daran kannst du nichts ändern!« oder »Du kannst machen was du willst, es wird nicht besser.« eingesetzt. Der häufigste Gebrauch des Wortes findet sich in dem Satz »Du sollst so sein wie ich!«.

Echo

E

Echo, das; durch stark verzögerte Reflexion von Schallwellen erzeugte Wahrnehmung von separaten Hörereignissen – Hörereignissen – eignissen – nissen – en. Ursprünglich aus der griechischen Mythologie – Mythologie – thologie – logie; Echo war eine zu Stimme gewordene Bergnymphe, welche Rufe zurückwarf – zurückwarf – warf – warf.

Eheversprechen, das; bezeichnet das Versprechen zwischen zwei Individuen einer Art auf eine lebenslange, exklusive Fortpflanzungsgemeinschaft. Das E. wird meist durch einen öffentlichen Schwur zur lebenslangen Treue begangen.

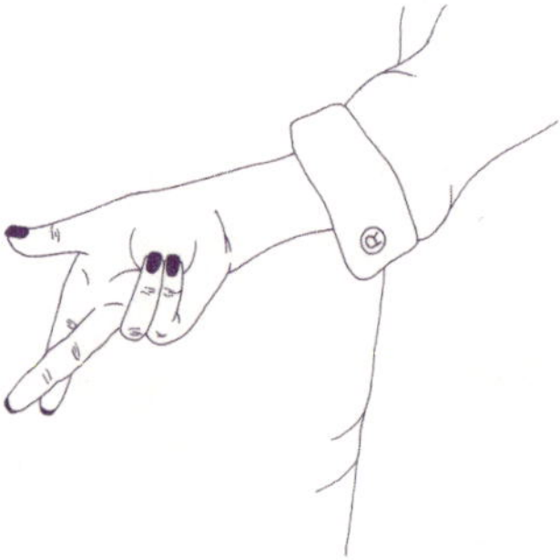

Eros, der; ist in der griechischen Mythologie der Gott der begehrlichen Liebe. Eine der beliebten mythischen Figuren seit der Antike, bis ca. Parship, Tinder und Co.

Eifersucht, die; entsteht durch die Angst, von einer geliebten Person ersetzt, ausgeschlossen oder vergessen zu werden, indem diese eine andere Person auf jeden Fall sehr viel lieber hat. Im Französischen wird die E. als *Jalousie* bezeichnet. Das Wort bezieht sich auf den eifersüchtigen Ehemann, der seiner Frau zwar durch ein Gitter – der Jalousie – gestattete, auf die Straße zu sehen, dabei jedoch von den Blicken anderer abzuschirmen suchte.

F

Ficken, das; vulgärer Ausdruck für den Ur-Akt des Liebe-Machens. Tiere ficken, Pflanzen ficken und Menschen ficken: das F. ist eine wesentliche Gewohnheit für die Erhaltung des Lebens auf diesem Planeten. Jeder von uns muss seinen Teil dazu beitragen.

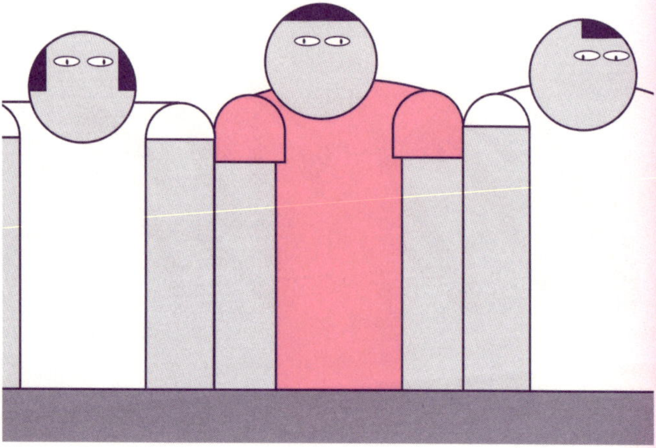

Freunde, die; das, was man ja bleiben kann. Als Spruch Namensgeber eines Berliner Cafés, das erfolgreich aus dem Club »Ruf mich nie wieder an« hervorging. Im RL als Sequel meist andersrum erfolgreicher.

Frotteurismus, der; (von franz. *se frotter*, sich reiben) ist eine Störung der Sexualpräferenz, bei der Betroffene sexuelle Erregung durch das Reiben ihres Körpers an denen unbekannter Personen empfinden. Frotteure sind primär in überfüllten öffentlichen Verkehrsmitteln anzutreffen.

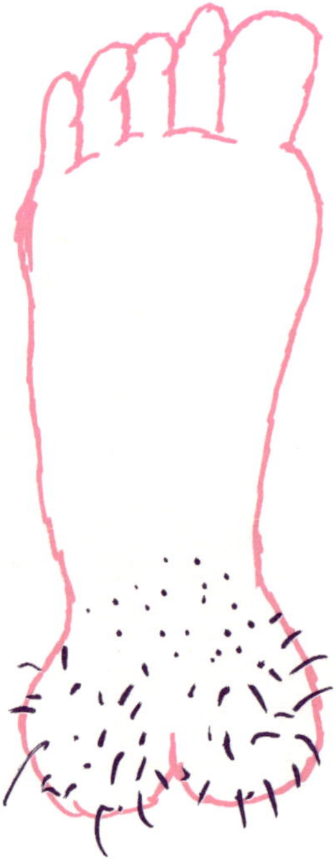

Fußfetisch, der; sexuelle Vorliebe für Füße. Der F. kann sich auf bestimmte Bereiche des Fußes wie Zehen, Fußsohlen, Warzen, Fußhaare, Hornhaut, Zehennägel oder Hühneraugen sowie auf Accessoires wie Fußschmuck, Socken, Strümpfe, Strumpfhosen oder Schuhe konzentrieren. Die einen mögen saubere, gepflegte Füße, während andere sie ausdrücklich intensiv riechend oder verschmutzt bevorzugen. Weiterhin können Faktoren wie Größe, Breite, Form und Gestalt der Füße, Farbton und Zustand der Haut sowie der Betrachtungswinkel eine Rolle spielen.

G

Geborgenheit, die; Zustand von Sicherheit und Wohlgefühl an einem bestimmten Ort oder mit einer bestimmten Person. G. steht im engen Zusammenhang mit Vertrauen, Zufriedenheit, Akzeptanz und Liebe. Es ist ein Gefühl der Nähe und Wärme. Das Wort wurde 2004 zum zweitschönsten Wort der deutschen Sprache gekürt.

Geschlechtsverkehr, der; bezeichnet in einem sehr traditionellen Verständnis die sexuelle Vereinigung beider Geschlechter, bei der der Mann den erigierten Penis in die Vagina der Frau einführt.

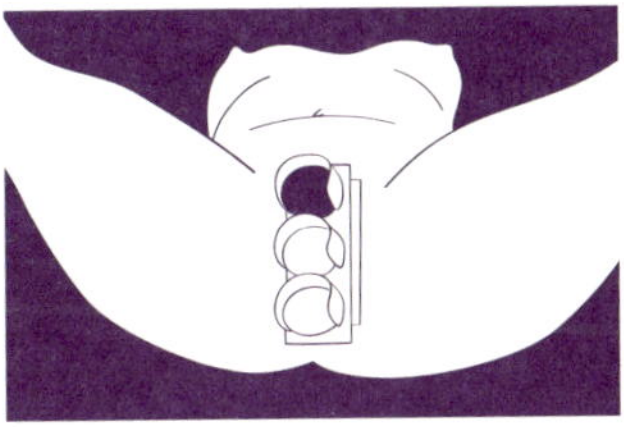

Goethe, Johann Wolfgang von; deutscher Dichter des Sturm und Drang und Verfasser von Liebes-Grundlagenliteratur wie den *Wahlverwandtschaften* und den *Leiden des jungen Werthers*. Hatte eine ausgeprägte Leidenschaft für Charlotte von Stein und Ginkobäume.

Groupie, das; etwas mehr als ein Fan, etwas weniger als ein *Stalker*, schwebt das G. knapp unter dem Limit der Illegalität. Hinterhertouren und alles sammeln, was von seiner Ikone stammt oder über sie geschrieben wird, gehört für das G. zum Tages- und Nachtprogramm. Nach Konzerten, Reden oder Ausstellungen (je nach Fachbereich der Ikone) versucht das G., mit dem Künstler, Musiker, Politiker oder Star in oft auch sexuellen Kontakt zu kommen.

Großzügigkeit, die; bezeichnet als charakterliche Qualität einer Person die Freude daran, anderen eine Freude zu machen, und nicht zu erwarten, im Gegenzug etwas zu erhalten. Weitaus tiefgründiger als der ökonomisch gedachte Geschenkaustausch, zeichnet sich die G. dadurch aus, dass man versucht, seinen Mitmenschen etwas Größeres als sich selbst zu bieten.

Gruppensex, der; Sexualpraktik, bei der mehr als zwei Partner beteiligt sind. Zum G. als Form der gemeinschaftlichen sexuellen Vereinigung zählen der auch als *Ménage-à-trois* bekannte Dreier sowie Orgien, Bukkake, Gangbang, Reverse Gangbang oder Blowbang. Keine Bedingung, aber eine gute Voraussetzung für sexuelles Gruppenverhalten ist die Polyamorie, da es bei monogamen Paaren durch Partnertausch zu Eifersucht oder emotionaler Umorientierung kommen kann.

H

Harem, der; (von arab. *harīm*, heiliger, unverletzlicher Ort) bezeichnet in Ländern des Islams einen abgeschlossenen Wohnbereich für Frauen eines Serails oder Hauses, zu dem kein fremder Mann Zutritt hat. Heutzutage eine Bezeichnung für die Entourage eines Mannes, die aus einer größeren Anzahl von Frauen besteht, abwertend auch *stable full of bitches* genannt.

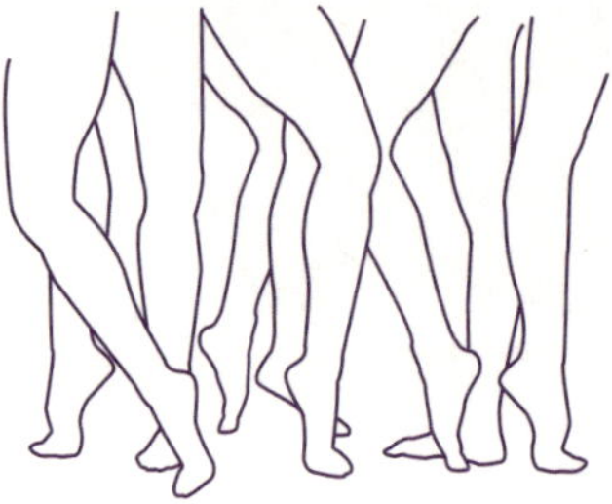

Hefner, Hugh; 1926 in Chicago geboren, ist nicht nur Gründer, sondern auch Verleger und Chefredakteur des US-amerikanischen Männermagazins *Playboy*. H. lebte bis zum März 2005 mit sieben Frauen im Alter von 18 bis 28 Jahren zusammen, kaufte sich als letzte Ruhestätte das Grab neben Marilyn Monroe, rettete spendabel das »Y« des Hollywood-Schriftzuges und verbrachte viel Zeit in seinem roten Morgenmantel.

Helikopter, der; Sexstellung, vor allem bei Zirkusartisten beliebt. Hohe körperliche Steifheit erforderlich. Auch Erfahrungen im *Planking* sind für die Ausführung hilfreich.

Herzverschenker, der; Ziel des H. ist es, jeglichen Herzschmerz für immer loszuwerden. Nicht wenige H. reißen sich dafür sogar die Seele aus dem Leib.

Hochzeit, die; aka »Bis dass der Tod euch scheidet«. Zentraler Festakt der Eheschließung und letzte Gelegenheit, die Braut zu entführen.

I

Inter; (lat. *zwischen, dazwischen*) bezeichnet biologische Besonderheiten bei der Geschlechtsdifferenzierung. Intersexuelle Menschen erscheinen von Geburt an hinsichtlich der Chromosomen, der Keimdrüsen und der Hormonproduktion als nicht nur männlich oder nur weiblich. In manchen Gesellschaften ist ein drittes soziales Geschlecht neben Mann und Frau als üblich angesehen. Kann in Deutschland ein Neugeborenes weder dem Männlichen noch dem Weiblichen eindeutig zugeordnet werden, ist es seit 2013 möglich, eine solche Angabe im Geburtenregister auszulassen.

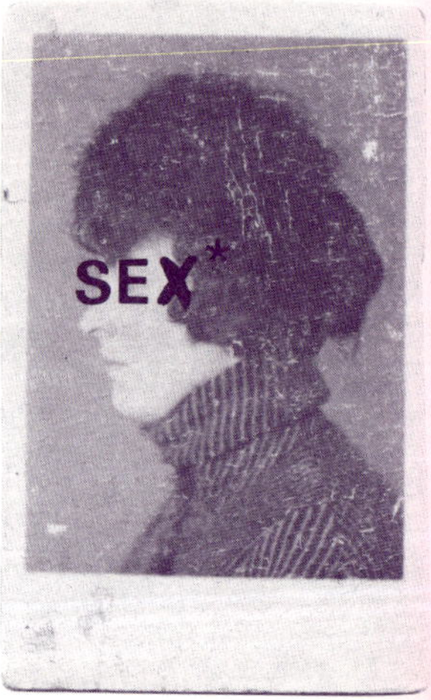

Intergalaktische Liebe, die; starke Gefühle der Zuneigung, die nicht auf eine Galaxie begrenzt sind (siehe *Han Solo* und *Chewbacca*). Obwohl Menschen im Allgemeinen gut darin sind, hier auf Erden bumsbare Dinge zu finden, hat sich der ein oder andere im nächtlichen Sternenfunkeln schon gefragt, ob es da draußen nicht auch etwas zum Verlieben gibt. Der englische Physiker Stephen Hawking fragt sich an dieser Stelle, ob wir außerirdisches Leben auch als solches erkennen könnten, bevor wir darüber nachdenken, ob wir daneben aufwachen wollen.

Internetpornografie, die; eine von Pornvater Jahn entwickelte Technik zur körperlichen Ertüchtigung.

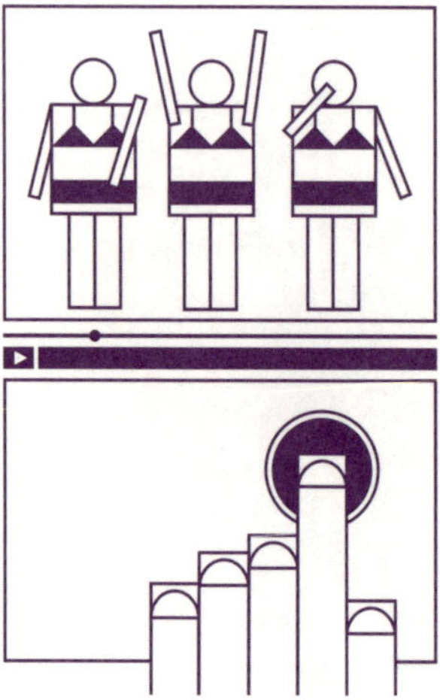

J

Ja (, ich will)!; um einen Vertrag für dauerhafte Liebe abzuschließen, sind diese Worte ein Versprechen gegenüber dem Partner – in guten wie in schlechten Zeiten.

Intimrasur, die; Haarentfernung im männlichen und weiblichen Genitalbereich mit den Zielen glatt, weich, sexy. Beliebte Frisurvarianten sind der *Irokese,* der *Landing Strip* und die *Triangel.*

Jesus, *der Gesalbte*; (0–33 n. Chr.) brachte mit der so simplen wie revolutionären Idee »Liebe deinen Nächsten wie dich selbst!« neuen Schwung ins menschliche Zusammenleben und wurde dafür an zwei Holzbalken genagelt.

Jugendliebe, die; in jungen Jahren auftretende, erste sexuelle Gefühle zu einem anderen Lebewesen. Man sagt, die J. wäre wie Unkraut, das niemals vergeht.

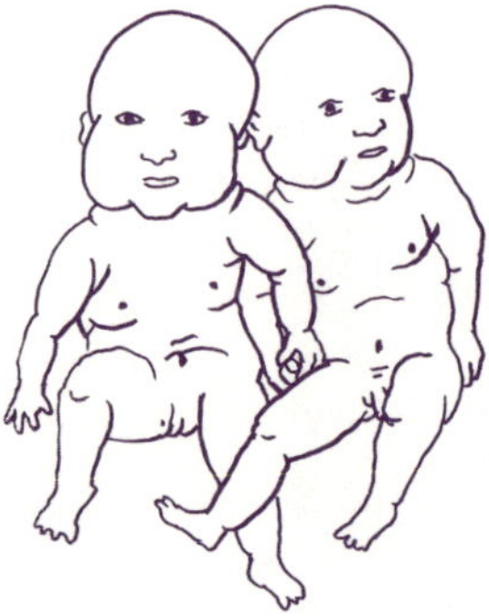

K

Kamasutra, das; (sanskr. *Verse des Verlangens*) ist eine in sieben Büchern verfasste Schrift, welche sich mit der indischen Tradition der Lehre über Erotik auseinandersetzt. Das Werk wurde vermutlich zwischen 200 und 300 u. Z. von Vatsyayana Mallanaga verfasst und erläutert unter anderem verschiedene Liebes- und Sexualpraktiken, z. B. »Die Untersuchung über die Umarmungen« oder »Die Regeln für das Beißen mit den Zähnen«.

Karitas, die; (lat. *Caritas*, hingebende Liebe, uneigennütziges Wohlwollen) bezeichnet im christlichen Glauben die tätige Nächstenliebe bzw. Wohltätigkeit. Sie gilt seit den Anfängen des Christentums als eine der wichtigsten Tugenden dieser Religion und ist aufgrund ihres Nutzwerts für Dritte einer der Gründe dafür, dass frühe christliche Minderheiten bisweilen von andersgläubigen Herrschern geduldet wurden.

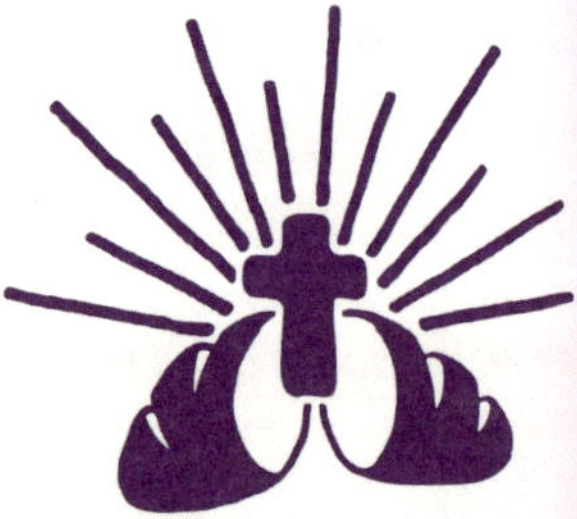

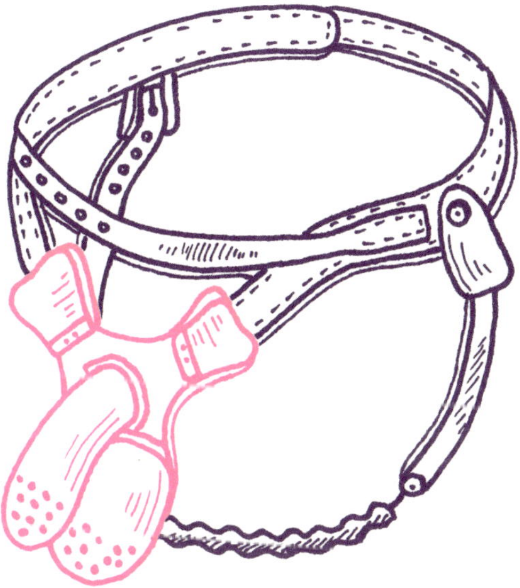

Keuschheit, die; (keusch vom lat. *conscius,* bewusst) unter K. versteht man das Erlernen der freiwilligen Selbstbeherrschung bzw. der Enthaltsamkeit im sexuellen Bereich, meist aus religiösen Gründen. Sie wird auch als heilige Reinheit bezeichnet und wird als eine Art Hilfe zur Heiligkeit angesehen.

Kind, das; ist in den meisten Fällen das Resultat einer großen Liebe. Hat man sich ganz doll lieb, folgen auch noch weitere.

Kinsey, Alfred Charles; war ein US-amerikanischer Sexualforscher, der als einer der Ersten umfassende statistische Erhebungen über das Sexualverhalten des Menschen durchführte. 1947 gründete er das *Institut für Sexualforschung* an der Universität von Indiana. Der von ihm erstellte *Kinsey Report* gilt als Auslöser der sexuellen Revolution in den 1960ern. K., auch *Dr. Sex* genannt, wurde einerseits zum Helden der sexuellen Befreiung stilisiert, andererseits wurde er der Manipulation seiner Forschungsergebnisse als auch verschiedener Devianzen bis hin zu sexuellen Straftaten bezichtigt.

Klitorisklemme, die; »Danke für den Kauf dieser K. Bei einer K. handelt es sich um einen Intimschmuck aus elastischem Metall zur Steigerung Ihrer sadomasochistischen Lust. Diese K. wird über Ihre oder die Schamlippen Ihrer Partnerin gestreift und übt so einen leichten Druck auf Schamlippe und Klitoris aus. Die Rundung am oberen Ende Ihrer K. umschließt dabei den Klitoriskopf. Am unteren Ende Ihrer K. finden Sie mit kleinen Perlen dekorierte elastische Bändchen, die nicht nur Accessoire sind, sondern die Sie auch als Zugbändchen zur weiteren Stimulierung nutzen können. Sie können Ihre K. auch hervorragend in Kombination mit einer unserer Nippelklemmen einsetzen!

Lassen Sie sich hierzu unseren Versandkatalog frei Haus kommen.« (Aus einer Produktbeschreibung von 1991).

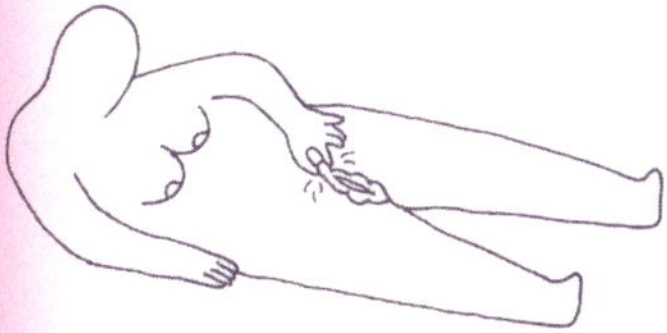

Kompromiss, der; die unvermeidliche Diplomatie der Liebe.

Kugelmenschen, die; wurden einst entzwei geteilt und suchen nun ihre bessere Hälfte. Diesem platonischen Mythos zufolge ist Sex nichts anderes als die Ersatzbefriedigung für das Ausbleiben der verlorenen Gänze.

Kuscheln, das; das K. ist ein Sammelbegriff für verschiedene Formen und Kombinationen der körperlichen Nähe, die sich allesamt durch ihre Zartheit definieren. Kuscheln kann Ausdruck finden im bequemen oder engen Zusammenliegen, Schmusen, Kraulen, Streicheln, Umarmen, in leichter Massage oder vergleichbaren Formen des Körperkontakts.

L

Lecken, das; bei Säugetieren ist ein in der Mundhöhle liegender, schleimhäutiger, länglicher Muskelkörper – die Zunge – ein elementares Sinnesorgan mit einer hohen Dichte an Nervenzellen. Das gegenseitige Durchspeicheln dieses Muskelkörpers ist eine bei Menschen praktizierte Liebkosungsform, die sich – je nach Intensität der Zusammenkunft – auf weitere Körperregionen ausdehnen kann.

Libido, die; wird als der Trieb bezeichnet, der eine sexuelle Befriedigung zum Ziel hat und bei Menschen wie bei Tieren vorkommt. Aphrodisiaka sind Mittel zur Steigerung der Libido und finden sich bereits in der Antike. Da der Hirsch zur Brunftzeit einen besonders ausgeprägten Sexualtrieb hat, wurde dem Hirschgeweih oder auch dem Hirschhoden eine aphrodisierende Wirkung nachgesagt. Durch diese Hilfsmittel wurde auch die menschliche Begattung sichergestellt.

Liebeskummer, der; (veraltet: *Herzeleid*) bezeichnet jene psychischen oder psychosomatischen Schmerzen, welche bei Zurückweisung durch eine geliebte Person oder andere Formen von Unerfüllbarkeit einer angestrebten Liebesbeziehung auftreten können.

Liebesschloss-Ständer, der; eine amtlich aufgestellte, freistehende Vorrichtung, an der Liebende Vorhängeschlösser als Symbol ihrer Liebe anbringen sollen; häufig auf Brücken oder Aussichtspunkten zu finden. Fragwürdiger Versuch zum Schutz dortiger Geländer vor Einsturz und Korrosionsschäden.

Liebesspiel, das; Spiel für zwei oder mehr Spieler. Derjenige mit der größeren Spielbereitschaft beginnt zu reizen, der andere hat die Wahl, ob er sich spielbereit zeigt oder eine weitere Auseinandersetzung ablehnt. Spielbeginn ist bei beiderseitiger Bereitschaft. Ziel des L. kann Verbundenheit und Liebe, aber auch Macht und Kontrolle sein. Die Spieldauer wird von jedem Spieler frei definiert. Je höher der Einsatz von Gefühlen und je geringer die emotionale Stärke der Spieler, desto länger dauert das L. an, auch wenn das Gegenüber das Spielfeld bereits verlassen hat.

Liebestöter, der; Begriff für lange Männerunterhosen, ggf. mit innen liegender, rückseitiger Bremsspur oder vorderseitiger, gelber Landebahn. Noch im *Brigitte*-Stylebook mit »Frauen mögen es untenrum jetzt üppiger« charakterisiert, warnt *Bild der Frau* in der Rubrik *Sexy Feinripp* mit »Zweibeinige Abturner auf dem Vormarsch.« Präsidial wurden L. durch den Satz John F. Kennedys, »So kann ich auf lange Mäntel verzichten«. Die letzten gebrauchten *Long Johns* des toten Präsidenten wurden 1998 für 3.450 US Dollar versteigert.

Limerenz, die; extremer Zustand des Verliebtseins, ist gekennzeichnet durch ein stetiges, geradezu besessenes Denken an die geliebte Person, durch die sehnsüchtige Hoffnung auf Erwiderung der Gefühle, die ständige Furcht vor Zurückweisung, die Ausblendung negativer Attribute die geliebte Person betreffend, sowie durch Schüchternheit, Unsicherheit, selbst Suizidgefahr in Anwesenheit der geliebten Person. Den Begriff führte die Verhaltenspsychologin Dorothy Tennov 1979 in ihrem Buch *Love and Limerence* ein.

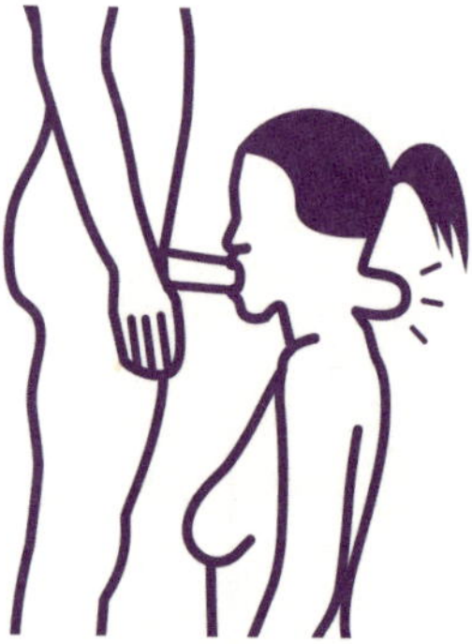

Lovelace, Linda; (1949–2002) war eine US-amerikanische Pornodarstellerin. Eine große Fangemeinde erlangte sie durch ihre Hauptrolle im unter Amateurbedingungen gedrehten, aber höchst profitablen Porno *Deep Throat*, der eine gleichnamige Sexualpraktik weltweit bekannt machte. L. distanzierte sich später von der Pornografie und der These des Filmes, nach der sich ihre Klitoris in ihrer Kehle befinde.

LovePlus; (jap. *Rabu Purasu*) Als japanisches Videospiel ist L. eine Mischung aus digitalem Bordell und emotionalem Turing-Test. L. ermöglicht es japanischen Männern, sich vorzumachen, sie wären keine Nerds, sondern würden eine Reise zum Planeten *Patriarchtron* antreten, um dort einen Algorithmus zu daten. Die meiste Zeit des Spiels verbringen sie damit, durch essen gehen und Komplimente-Machen ein aus Einsen und Nullen gebasteltes Klischee zu hofieren. Eine hoffnungslos aufgeschlossene Minderheit sieht in L. die erste Realität gewordene Möglichkeit, der digitalen Sphäre menschliche Zuneigung zukommen zu lassen.

M

Manie, die; eine normalerweise kurze, aber intensive Zeitspanne, in der man von etwas so stark begeistert ist, dass man es keinem vernünftigen Menschen erklären kann. Kann unter anderem durch starke Zuneigung zu Menschen, Mineralien und Gemüse hervorgerufen werden. Unbehandelt können manische Episoden in Deliriumszuständen münden.

Masturbation, die; ist Sex ohne andere Menschen, gerne auch mit Hilfsmitteln und Werkzeugen. Durch die M. lassen sich Triebe befriedigen. Im Akt der M. kann man sich Geschlechtsverkehr mit anderen Personen vorstellen. Eine Praxis der M. ist das absichtliche Einschläfern der eigenen Hand, um dann so zu tun, als gehöre sie der Person der Begierde. M. wird bei Männern auch *Onanie* genannt, diese wiederum umgangssprachlich *wichsen* oder *sich einen runter holen*.

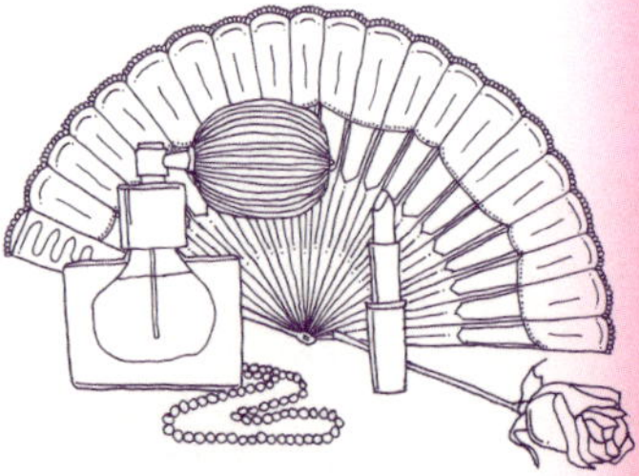

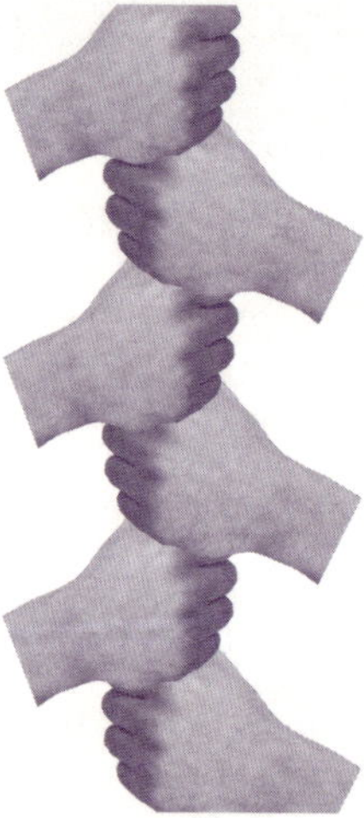

Mätresse, die; auch *Geliebte, Liebhaberin, Bettgenossin* oder *Konkubine* genannt; franz. für Hausherrin oder Lehrerin. Die Bedeutung des Begriffs M. änderte sich im Laufe der Zeit von einer offiziellen, bedeutenden und einflussreichen Geliebten eines Fürsten zu einer Geliebten eines verheirateten Mannes, wobei zweites heute eine abwertende Bedeutung hat.

Ménage-à-trois, die; der Versuch, etwas zu dritt hinzubekommen, was zu zweit schon schwierig ist.

Menschenliebe, die; auch *Philanthropie* (von gr. *phílos*, Freund, und *ánthrōpos*, Mensch), Voraussetzung für die Nutzung öffentlicher Verkehrsmittel.

Minnesang, der; ist die durch einen höfischen Ritter in Form gesungener Liebeslyrik dargebrachte Verehrung einer meist verheirateten, ihm höhergestellten Dame. Der M. wird in abendlichen Stunden unter dem Fenster der Dame zelebriert. Der altertümliche Begriff *Minne* steht für die Liebe.

Mund, der; umg. abwert. Synonyme: *Maul, Klappe, Schnauze*. Der Mund ist eine Körperhöhle im Kopf des Menschen. Er dient hauptsächlich dem Kommunizieren und der Nahrungsaufnahme. Die schönste Tätigkeit, die man damit ausführen kann, ist das Küssen.

N

Narziss, der; (lat. *Narcissus*) ist eine männliche Figur aus der griech. Mythologie, die nach zahlreichen Zurückweisungen an seine Verehrerinnen und Verehrer mit unstillbarer Selbstliebe bestraft wurde: als sich N. an einer Quelle in sein eigenes Spiegelbild verliebte, kostete ihn das sein Leben, denn er ertrank bei dem Versuch, sich mit diesem zu vereinigen.

Nipplegate, das; »I'm gonna have you naked by the end of this song«: Als Janet Jackson und Justin Timberlake in der Halbzeitpause des 38. *Super Bowls* im Februar 2004 diese Songzeile erreichten, wurden Millionen Zuschauer Zeuge, wie Timberlake Jacksons rechte Brust entblößte – angeblich ein Ausrutscher. Timberlake hätte geplant, nur einen Teil des Kostüms zu enthüllen. Stattdessen kam ein um Jacksons Brustwarzenpiercing angebrachtes *Nippleshield* zum Vorschein. Das für Vorfälle wie diese verwendete Suffix »-gate« entstand in Anlehnung an die *Watergate-Affäre* und hat sich mittlerweile als üblich für N.-ähnliche Ausrutscher von Prominenten etabliert.

O

Objektophilie, die; auch *Objektsexualität,* bezeichnet die sexuelle und emotionale Anziehung von Menschen zu Gegenständen. Das Objekt der Begierde kann klein oder groß sein: von Instrumenten bis hin zu ganzen Straßenzügen reicht das Spektrum. Ein bekannter Fall ist Erika Eiffel (geb. LaBrie), die im Jahr 2007 den Eiffelturm heiratete und Mitgründerin der Plattform *Objectum Sexuality Internationale* ist.

Objektwahl, die; irgendeine Idee von Freud zu Ödipus bzw. Elektra und dazu, was letztere mit sexuellen Vorlieben zu tun haben. Anscheinend wird man schwul, wenn man sich als Junge in seinen Vater verliebt.

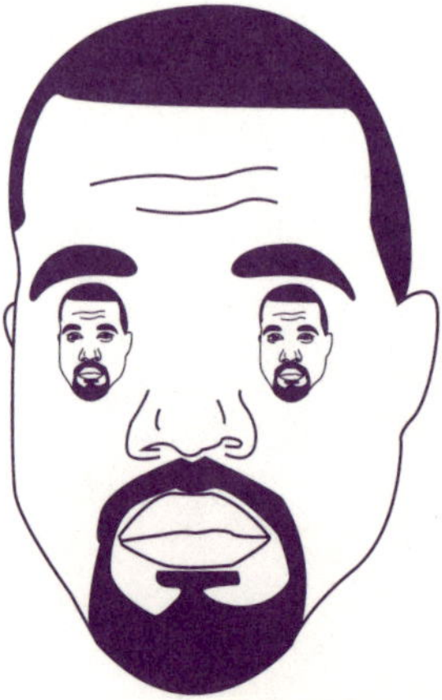

Obsession, die; Obsession!

Ödipuskomplex, der; Ödipus erkannte, dass er jahrelang mit seiner Mutter im Inzest gelebt hatte und stach sich die Augen aus. Die ganze Geschichte ist jedoch wesentlich komplexer.

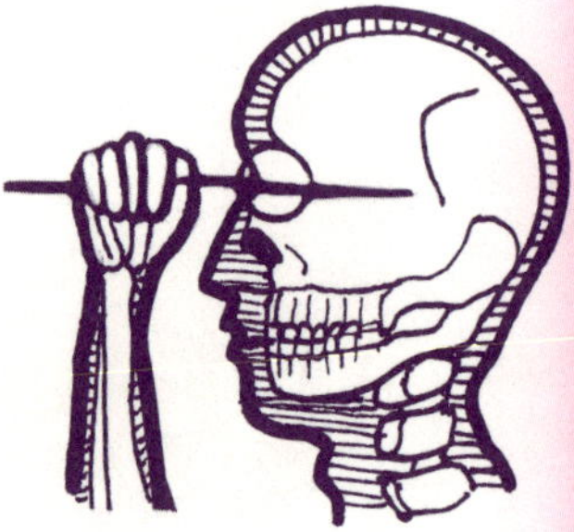

One-Night-Stand, der; einmal rein und wieder raus – so sieht's aus!

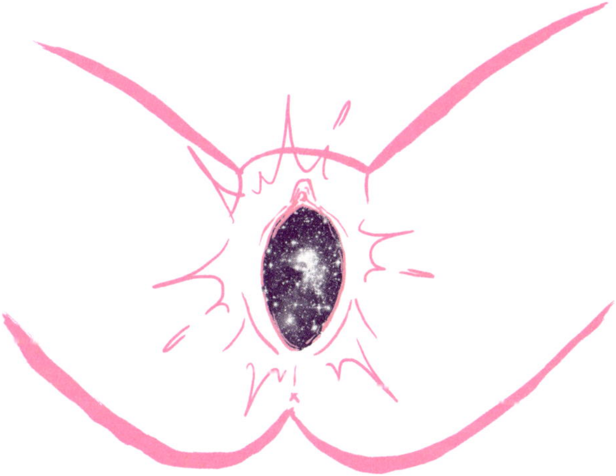

Orgasmus, der, ein ekstatischer Zustand, der durch die Entladung sexueller Energie herbeigeführt wird und seinen Klimax nach heftiger Erregung findet. Im tantrischen Buddhismus wird der O. als Erfahrung der Leerheit und der Auflösung der Ich-Grenze wahrgenommen. Im *Hevajra-Tantra* wird der O. als *Mahasukhu* (höchste Glückseeligkeit) bezeichnet und mit Erleuchtung und dem Eingang ins Nirwana gleichgesetzt. Die Frau steht bei ihrem O. demnach in direkter Verbindung mit dem Universum und dem Ganzen – dem *Akasha*.

P

Paartherapie, die; ist eine psychotherapeutische Methode zur Bearbeitung akuter oder chronisch auftretender Konfliktsituationen in Zweierbeziehungen.

Ovid; der Dichter Publius Ovidius Naso (43 v. u. Z bis ca. 17 u. Z.) schuf in seinem Hauptwerk *Die Metamorphosen* sowie in seinen *Amores* (Liebesgedichten) die Grundfesten tragisch-romantischer Liebesdichtung mit philosophischem Anstrich. Seine Protagonisten *Narziss und Echo, Apollo und Daphne* sowie *Orpheus und Eurydike* zählen noch heute zu unserem innigsten Bekanntenkreis. Seinen Grabstein sollten diese Worte an die Nachwelt schmücken: »Ich, der ich hier liege, Naso, der Dichter, Spieler zärtlicher Liebesgeschichten, bin an meinem eigenen Talent zugrunde gegangen.«

Paris-Syndrom, das; ein selten auftretendes Phänomen, bei dem in den häufigsten Fällen japanische Touristen aufgrund ihrer extrem romantisierenden Vorstellung der Stadt Paris von der Realität enttäuscht werden, was körperliche Folgen wie Wahnzustände, Halluzinationen, Schwindel etc. zur Folge haben kann.

Partnerwahl, die; Auswahlkriterien für die zu definierende P. bilden a) die äußere Form, b) die innere Haltung und c) der umgangssprachliche »passende Vibe«.

Partnerschaft, die, Zusammenschluss zweier Menschen zu einer Gemeinschaft, geprägt durch Beischlaf und freundschaftliche Geselligkeit, meist einhergehend mit starker psychischer und materieller Abhängigkeit.

Perversion, die; (von lat. *perversus*, verdreht, verkehrt) Abnormität der Empfindungen. Sexuelle Begierde oder Handlungen, welche von sozio-kulturellen Normen abweichen. Beinhaltet unkonventionelle sexuelle Praktiken oder Objekte.

Petting, das; (von engl. *to pet*, liebkosen) altmodische Art und Weise der Berührung und Stimulation der erogenen Zonen (ohne darauf folgenden Geschlechtsverkehr).

Platon; griechischer Philosoph, Ringer und Theaterautor. Nach einer Legende ist P. (griech. für breit, weit) nur ein Spitzname, welcher der Denker seinen breiten Schultern verdankte, weshalb man die platonische Liebe bis heute gerne besonders weit fasst.

Philia; in der griechischen Literatur und Philosophie die Art der Liebe, welche die Freundschaft in den Mittelpunkt stellt. Gekennzeichnet unter anderem durch Zuneigung, Sympathie und Vertrauen.

Polyamorie, die; ACHTUNG: Komplikationen einkalkulieren! Die P. ist das Gegenstück zur Monogamie (Zweierbeziehung). Bei der P. werden feste, langfristige und intime Beziehungen zu mehreren Personen gleichzeitig als Ideal gesehen und gelten somit als alternative Lebensform. Im Vergleich zur Affäre oder zur Free-Love-Bewegung der 1960er Jahre handelt es sich um separate Verbindungen, an denen alle Beteiligten mit vollem Wissen teilhaben.

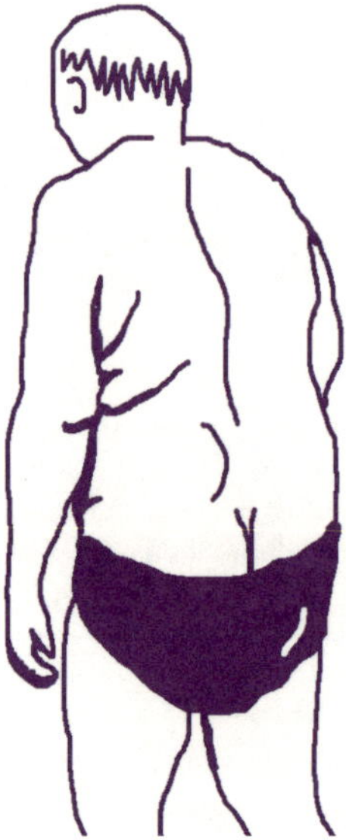

Po, der; mitunter Apfel-, Birnen- oder Kardashian-förmiges, symmetrisches Fettgetüm am Rumpfende, insbesondere zum Zwecke des Twerking und als Aufprallfläche für die Handinnenseiten des Objekts der Begierde geeignet.

Abrechnung_04

Pornografie, die (kurz: *Porno*, der); bildliche Wiedergabe von sexuell erregenden Praktiken, durch Profis oder Amateure dargestellt. Früher fand P. in filmischer Form auf VHS-Kassetten die größte Verbreitung, heute überwiegend per Streaming im Internet. Die P. dient enorm gut der Selbstbefriedigung und ist ein gelungenes Mittel zur Prokrastination, besonders bei männlichen Jugendlichen aller Altersgruppen. Die P. tarnt sich auf Festplatten aller Art.

Potenz, die; beschreibt die Zeugungsfähigkeit mittels eines temporären Blutstaus in männlichen Schwellkörpern zum Zwecke der Fortpflanzung. Meint im übertragenen Sinn auch Macht, Kraft, Vermögen einer Person in der gesellschaftlichen Hierarchie. Dauert eine P. »zu lange«, handelt es sich um einen *Priapismus*, der ärztlich behandelt werden sollte.

Pubertät, die; obwohl der Begriff vom lateinischen Wort *pubertas*, Geschlechtsreife, kommt, hat ein junger Mensch in dieser Zeit seines Leben wenig mit Reife zu tun und beschäftigt sich mehr mit dem eigenen Geschlecht.

Q

Queerness, die; bezeichnet die Abweichung von *Heteronormativität* und steht für die Vielfalt sexueller Identitäten. Die Bewegung der »sexuellen Vielfalt« wird maßgeblich durch Jesus Wurst und ihren symbolischen, idolhaften Charakter geprägt. Jesus Wurst wird in der Mediengeschichte oftmals mit segnenden Gesten dargestellt. In ihren Predigten betont sie, dass die Bewegung der sexuellen Vielfalt unaufhaltbar ist.

R

Rapport, der; (frz. *Beziehung, Verbindung*) ein Begriff aus der Psychologie, der die Feinabstimmung der Kommunikation beschreibt, die zwischen Menschen in Bindungen zu beobachten ist. Treten Menschen in Kontakt, passt sich ihre verbale und nonverbale Kommunikation meist unterbewusst einander an. *Spiegelneuronen* – spezielle Nervenzellen im Gehirn – sind für dieses Haltungsecho verantwortlich: Partner entwickeln so häufig durch Verwendung gleicher Worte und Redewendungen eine Ähnlichkeit. Es kommt zu einer Anpassung der Sprechgeschwindigkeit, Tonlage, Lautstärke, Rhythmik, Mimik und Gestik.

Reich, Wilhelm; (1897–1957) Psychiater, Psychoanalytiker, Sexualforscher und Soziologe. Er gilt als Wegbereiter der sexuellen Revolution in den 1970er Jahren und war bis 1934 Mitglied der *Internationalen Psychoanalytischen Vereinigung*, aus der er auf Veranlassung seines ehemaligen Lehrers Sigmund Freud ausgeschlossen wurde. Sein Buch *Die Funktion des Orgasmus* leitete 1927 den Bruch mit seinen bisherigen Weggefährten ein. Darin schildert R., dass der Schlüssel zur Freiheit des Menschen in der sexuellen Freiheit mündet und alle Neurosen auf eine angestaute Libido zurückzuführen sind. In seinem Buch *Massenpsychologie des Faschismus* stellt R. 1933 einen Zusammenhang zwischen autoritärer Triebunterdrückung und faschistischer Ideologie her.

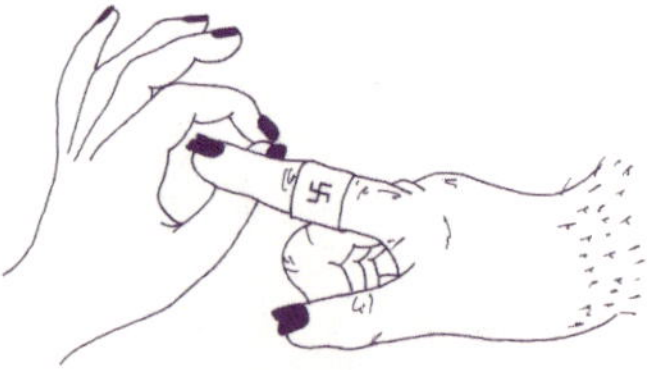

Reizwäsche, die; fordert in Form eines Kleidungsstückes zum Sex auf. Anders als normale Kleidung hat Reizwäsche ihren Zweck oft im demonstrativen Entblößen der Geschlechtsteile, auch bei völliger Verhüllung des restlichen Körpers.

Rettichstrafe, die; eine Bestrafung im antiken Griechenland, bei der im Fall eines Ehebruchs seitens des Mannes die betrogene Frau befugt war, dem Mann zur Strafe zwangsweise eine Rettichwurzel anal einzuführen.

Ringfinger, der; (lat. *digitus anularis*) befindet sich als Teil der Hand zwischen dem Mittelfinger und dem kleinen Finger. In der Antike galt der Glaube, der R. sei durch einen Nerv direkt mit dem Herzen verbunden. Diese im Lateinischen *vena amoris* genannte Liebesader führe unmittelbar dorthin, wo die Liebe entspringt. Aufgrund der bevorzugten Position gilt der vierte Finger als ideal zum Anstecken des Eherings. Der R. ist der einzige Finger, der im Normalfall nur zusammen mit seinen Nachbarfingern eingesetzt wird.

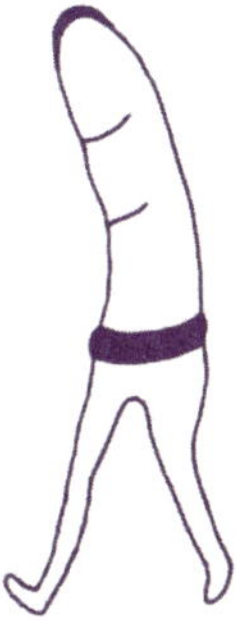

Romantik, die; bezeichnet eine Kulturgeschichtliche Epoche vom Ende des 18. Jh. bis in das 19. Jh.; heute eher eine Bezeichnung für einen sentimentalen Gefühlszustand, der gerne mit Kerzen, einem Gläschen Wein und ein paar Rosenblättern untermalt wird.

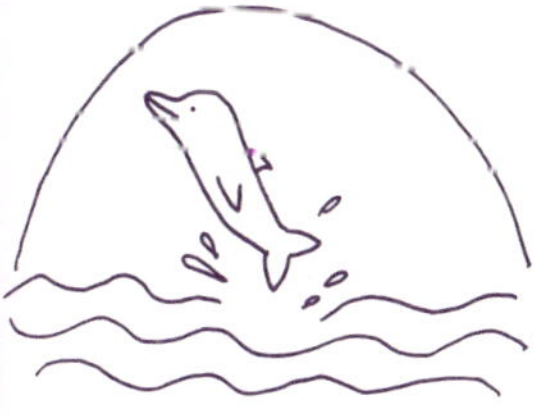

Romeo, der und **Julia,** die; männlicher und weiblicher Hauptcharakter einer Tragödie des bekannten Dramatikers William Shakespeare über nächtliche Balkontreffen und die Folgen von Schlafmittelmissbrauch.

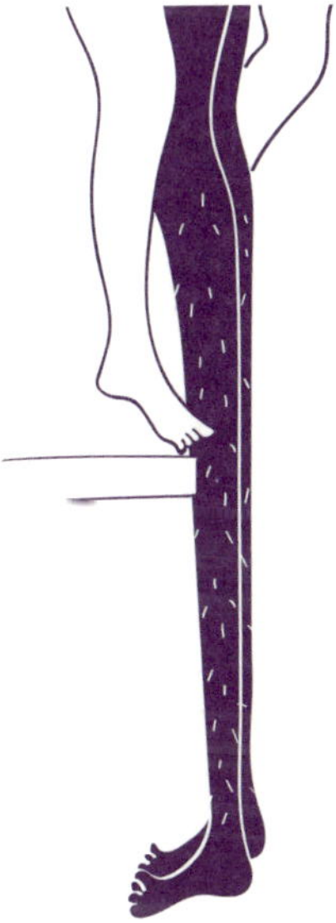

Rosenkrieg, der; aus dem Spätmittelalter stammender Begriff. Entspringt einer langjährigen Auseinandersetzung zwischen zwei englischen Adelshäusern, die mit unverhältnismäßig hohem Blutzoll versuchten, ihre Begehrlichkeiten um Rang und Namen zu regeln. Beide Häuser trugen eine Rose im Wappen. Ähnliche Auseinandersetzungen gibt es heute nur noch in jenen Ehen, die sich als Missverständnis erweisen.

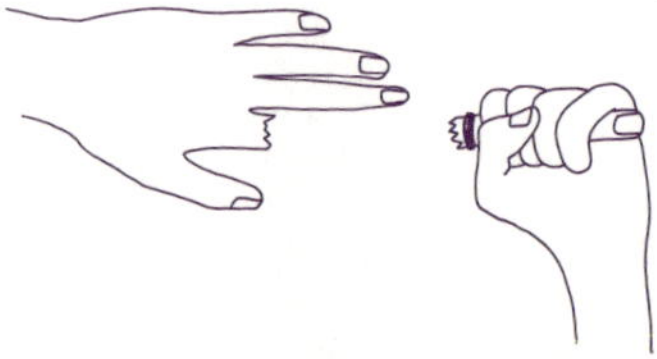

S

Sade, Marquis de; (1740–1814) der französische Schriftsteller wurde durch seine sexuelle Grausamkeit bekannt. Von seinem Nachnamen wird der *Sadismus* abgeleitet. Er ist Autor von pornografischen, kirchenfeindlichen und philosophischen Romanen (z.B. *Justine, Juliette, Die 120 Tage von Sodom*).Verfasste einige Schriften während seiner Gefängnisaufenthalte. Seine Werke beeinflussten wichtige Bewegungen in Literatur und Kunst, wie Symbolismus und Surrealismus.

Schmetterlinge im Bauch, die; ein starkes Gefühl beim Erblicken eines Schwarms. Biologisch: wie bei einer Stresssituation werden Hormone und Botenstoffe (darunter *Adrenalin*) von der Nebenniere freigesetzt und verknüpfen diese durch Nervenbahnen mit dem Gehirn,welches sogleich die Magen-Darm-Region in Erregung bringt – ähnlich wie bei einem sehr, sehr geilen Sandwich.

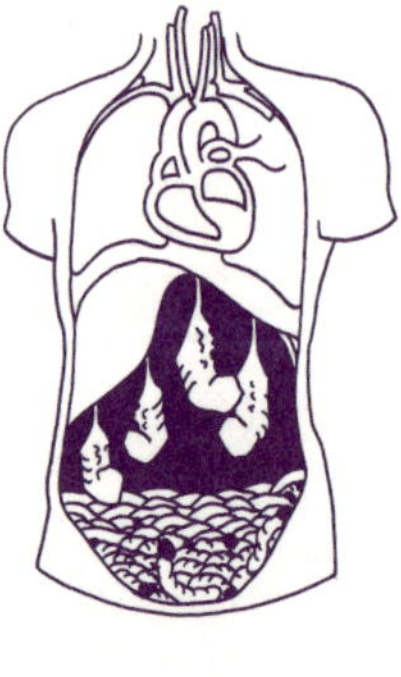

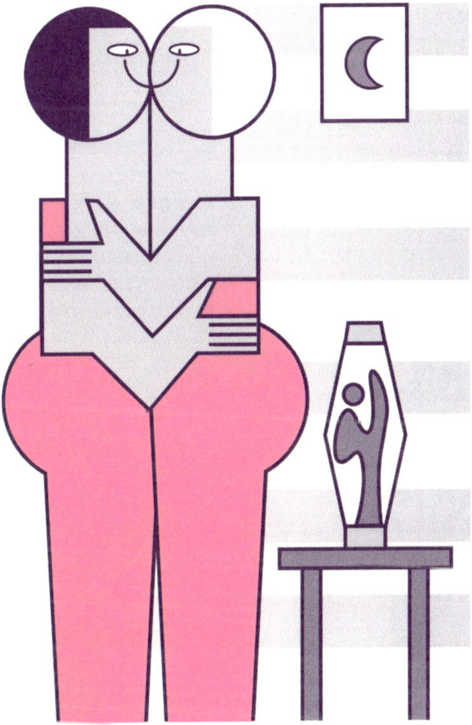

Schmusen, das; beim S. ist »noch nichts passiert«. Deshalb wird es von so manchem als notwendiges Übel erachtet.

Schulmädchenreport, der; ein in den 1970er Jahren veröffentlichtes, als skandalös kritisiertes Buch von Günther Hunold, auf dessen Verfilmung im selben Jahr bis 1980 eine Serie zwölf weiterer S.-Filme folgte. Die Filme zählen zu den größten Erfolgen des westdeutschen Kinos. Intention des Autors war eine wahrheitsgetreue Darstellung des sexuellen Verhaltens »moderner junger Mädchen« der damaligen Gegenwart.

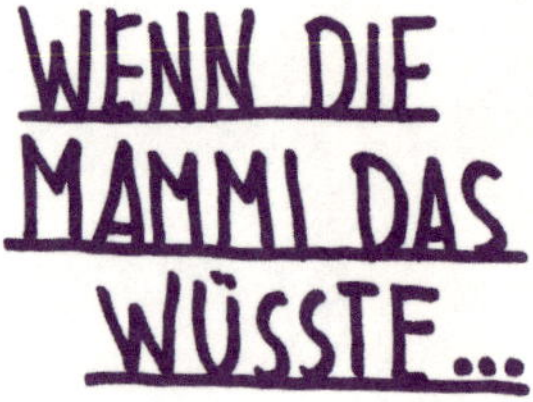

Schwärmerei, die; im Gegensatz zur Verliebtheit, die mit messbaren physiologischen und neurobiologischen Veränderungen einhergeht, bezeichnet die S. eine eher oberflächliche und einseitige Zuneigung oder Verehrung, die in Verliebtheit übergehen kann.

Selbstliebe, die; ein schönes Gefühl, das nah an den *Narzissmus* kommt, nicht aber damit vermischt werden sollte. Für das eigene Selbst ist die S. ein gesundes Gefühl.

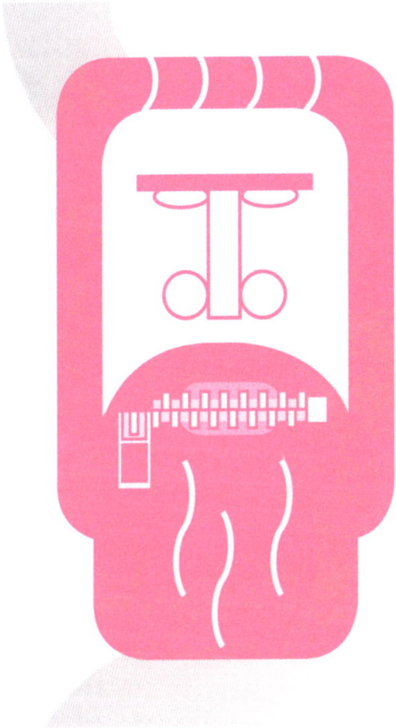

Sokrates; (469 bis 399 v. u. Z.) *Held des Denkens, Honk in der Liebe.* Klagte verdrossen über die Tyrannei seiner Ehefrau *Xanthippe*, dem Urtypus des zänkischen Weibes: »Bekommst du eine gute Frau, wirst du glücklich werden; bekommst du eine schlechte, wirst du Philosoph werden.«

Spanner, der; ist als *Voyeur* ein Beobachter nackter Haut Anderer. Der *Exhibitionist* hingegen lässt sich gerne nackt beobachten. Treten beide gemeinsam auf, ist alles in bester Ordnung, jeder allein ist etwas hilflos und belästigt arglose Dritte. Beides gilt in der Psychologie als Störung der Sexualpräferenz, erfreut sich jedoch in sozialen Medien großer, allgemeiner Beliebtheit.

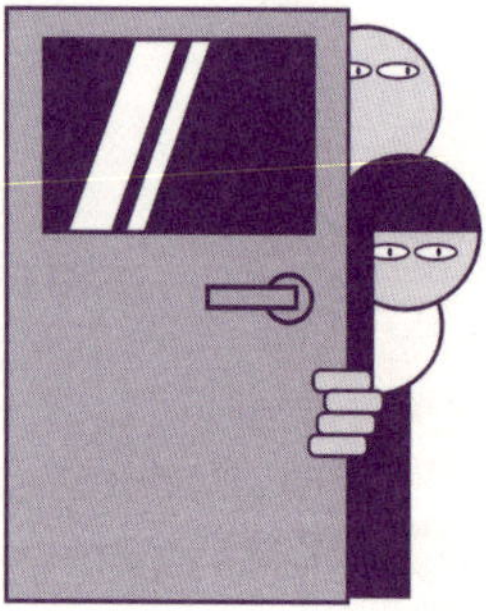

Stimulation, die; als S. bezeichnet man die Anregung körperlicher oder geistiger Strukturen durch innerlich oder äußerlich erzeugte Reize. Die S. löst an dem vorgesehenen Zielobjekt eine bestimmte Aktivität aus.

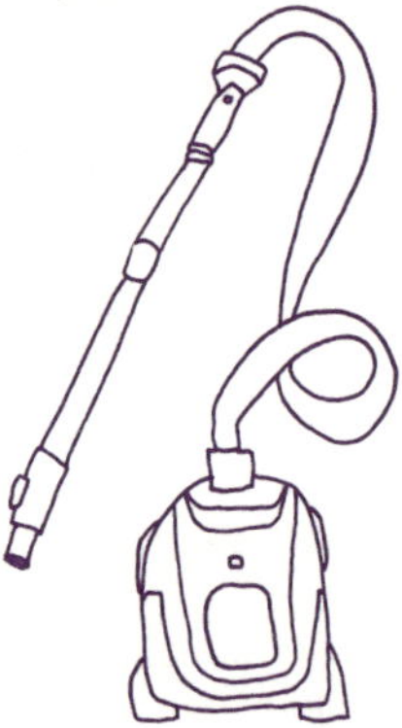

Stellungswechsel, der; wie sechs französische Missionare 1669 beim Flicken einer chinesischen Schubkarre herausfanden, macht häufiger S. das Berufsleben vielseitiger und interessanter.

Symphorophilie, die; sexuelle Erregung durch das Betrachten von Unfällen oder Katastrophen, bei denen davon auszugehen ist, dass Personen zu Schaden gekommen sind. Eine Unterart ist die *Genitosymphorophilie*. Hier wird sexuelle Erregung dadurch ausgelöst, dass der Betrachter zu erkennen meint, dass die geschädigten Personen Verletzungen an ihren Geschlechtsorganen erlitten haben. In J. G. Ballards Roman *Crash* und der gleichnamigen Verfilmung ist diese Störung ein zentrales Thema. Beliebte Pornos der S.-Szene sind *A Po-Calypse Now*, *Kastrastrophen*, *Betörung durch Zerstörung* und *Auto Unphall 2*.

T

Tentakelerotik, die; im Japanischen auch *shokushu* genannt, bezeichnet sexuelle Kontakte mit Tentakeln bzw. deren Besitzern, z.B. einer Krake. Kunstgeschichtlich aufgetaucht ist diese Phantasie bei dem um 1820 entstandenen Holzschnitt *Traum der Fischerfrau* von Katsushika Hokusai, auf dem sich eine Frau der Zuneigung zweier Kraken hingibt. Die Erotik der Tentakel beruht auf der Angst vor dem wütenden Meer, in dem Ungeheuer hausen. Die T. ist ein Gleichnis über die Entfesselung unserer Triebe und das, was daraus folgen kann.

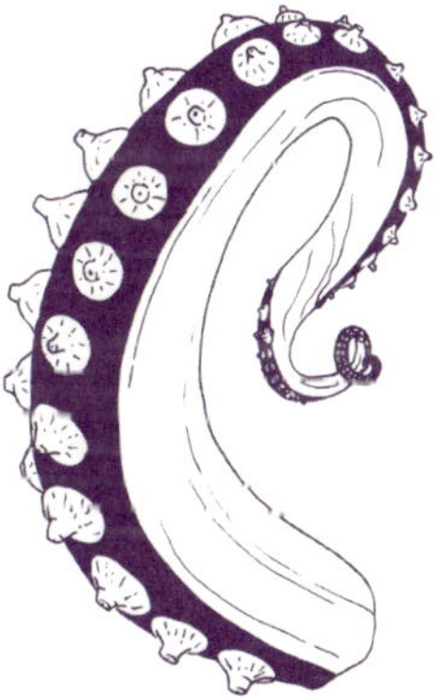

Tierliebe, die; generelle oder individuelle menschliche Zuneigung zu Tieren. Im ethischen Sinn zum Wohle des Tieres bestimmt, kann eine übertriebene Ausprägung von T. auch zur Verstörung und Schädigung des Tieres führen. Die verschiedenen Formen der T. beginnen bei der Akzeptanz der Eigenständigkeit des Tieres und reichen bis zu dessen Einbindung in den Familienalltag. Eine krankhafte T. kann zur Tierhortung führen, bei der eine Vielzahl von Tieren auf engstem Raum gehalten wird.

Tinder; weltgrößte Sammlung von Sonnenbrillen-, Australienurlaubs- und Duckface-Selfies. Außerdem eine beliebte Dating-App, die die menschliche Liebe zum Vögeln und das Bedürfnis, so wenig wie möglich dafür zu tun, verbindet. Vollkommen vereinzelte und also einzig angemessene Form, in unserer Zeit der Political Correctness und des LGBT*-Slacktivism das Spielchen *Hot or Not* zu spielen. Wenn beide Benutzer*innen das Foto des jeweils anderen nach rechts swipen, öffnet sich ein Chat-Fenster, in dem sie einander in zwei bis drei raffinierten Sprüchen beweisen müssen, dass sie nicht ganz so oberflächlich sind, wie ihr Profilbild vermuten lässt.

Tollheit, die; Zustand, in welchem sich Betroffene verrückt, rasend, wütend verhalten.

Trennung, die; beschreibt im herkömmlichen Sinn das Divergieren zweier innig vereinter Personen. Die Gründe hierfür sind individuell unterschiedlich, führen jedoch meist zu dem gleichen Ergebnis. Die T. gilt gemeinhin als leidvolle, aber notwendige Erfahrung im Leben eines Menschen. Sie kann mitunter zu schwer depressiven Phasen und nachfolgenden Höhenflügen führen und mündet meist in der totalen Ablehnung des ehemaligen Weggefährten oder in einer langjährigen Freundschaft mit Gelegenheitssex.

Treibsandfetisch, der; sexuelle Vorliebe dafür, ein erotisches Gegenüber in Treibsand, Schlamm oder Sumpf untergehen zu sehen oder selbst in diesem einzusinken.

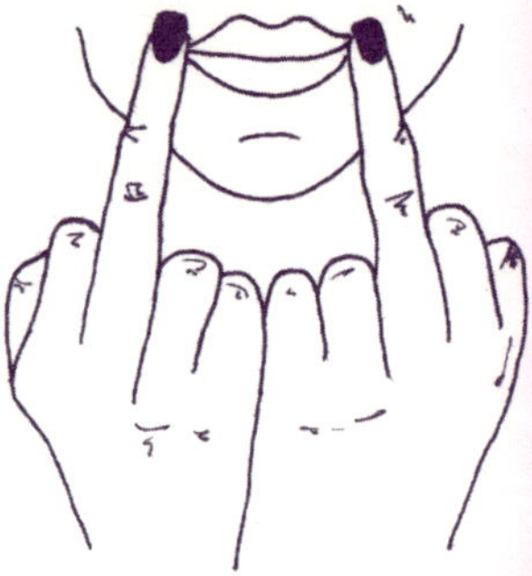

U

Umarmung, die; ist als nonverbaler, kommunikativer Akt der körperlichen Nähe ein Ausdruck von Zuneigung zwischen zwei (oder mehr) Menschen.

V

Valentinstag, der; jedes Jahr am 14. Februar feiert die kapitalistisch-globalisierte Welt die Unterwanderung und Normierung der Liebe als ehemals letztem Refugium des Privaten durch das Kapital und somit die komplette Bankrotterklärung bürgerlicher Liebes- und Beziehungsvorstellungen. Manche behaupten auch, geschickte Geschäftemacher hätten es verstanden, urmenschliche Emotionen wie Liebe und Geltungsbedürfnisse zu Geld zu machen, aber das ist natürlich verkürzender Blödsinn. Fest steht, dass es an diesem Tag Brauch ist, einen Schwarm mit nutzlosem Tand zu überschütten, um ihm oder ihr zu zeigen, dass das eigene Monatseinkommen größer ist als der IQ.

Vanitas, die; heißt eigentlich *Eitelkeit* und meint in der Kunst die Vorstellung von der Nichtigkeit und Vergänglichkeit allen irdischen Lebens. V.-Motive zeigen Bilder des Vergangenen oder Vergehenden, wie Schädel, Sanduhren oder welkende Blumen.

Verblendung, die; der Mythos, die Liebe führe zum Erblinden, geht auf ein Stoffwechselphänomen zurück, bei dem in den ersten Wochen einer Verliebtheit Hormonausschüttungen die Wahrnehmung des Menschen so stark beeinträchtigen, dass auch von *Liebesblödheit* oder *Liebeskrankheit* gesprochen wird. Als Symptome werden u.a. Fehlsichtigkeiten, etwa eine Farbverschiebung ins Rosarote genannt. I.d.R. reguliert sich der Hormonspiegel nach acht bis zwölf Wochen wieder und alles erscheint wie zuvor.

Viagra; Markenname für *Sildenafil*, ein Medikament zur Behandlung erektiler Dysfunktion. Anfangs zur Behandlung gegen Bluthochdruck und Herzerkrankungen untersucht, erwiesen sich in klinischen Studien die als Nebenwirkung eintretenden Erektionen als glücklicher Zufall. V. wurde 1996 patentiert und 1998 auf den Markt gebracht.

Verhütung, die; »Kommt ein Mann im Gummihut ...«, titelt eine doppeldeutige *Safer-Sex*-Kampagne für Kondome, auch *Lümmeltüte, Pariser* oder *Nahkampfsocke* genannt. Die erste Anwendung eines Kondoms ist nicht datierbar, da sie vermutlich heimlich geschah, wird aber im 12. Jh. v. u. Z. (mittels eines Ziegendarms) vermutet. Heute sind Verhütungsmittel im Nachttisch der Gesellschaft angekommen, werden jedoch von manchen Weltreligionen weiterhin als Teufelszeug verdammt.

Virtuelle Liebe, die; bezeichnet im traditionellen Verständnis die (virtuelle) sexuelle Vereinigung beider (virtueller) Geschlechter, bei der der (virtuelle) Mann (virtuell) den erigierten (virtuellen) Penis in die (virtuelle) Vagina der (virtuellen) Frau einführt.

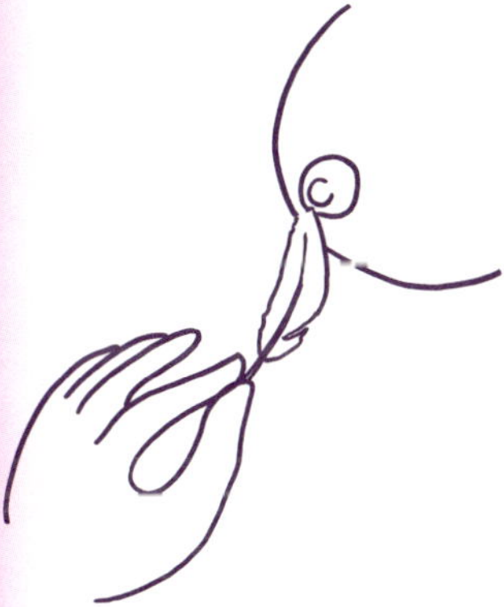

Vorspiel, das; ist zum Geschlechtsverkehr, was das Amuse-Gueule zum Dinner, was die These zur Synthese, was die Hymne zum Länderspiel oder was das Petting zum Sex ist.

W

Weihnachten, das; auch *Fest der Liebe* genannt. Dreitägiger Event (24.–26. Dezember), bei dem Familien ihre Liebe zueinander feiern und sich mit Geschenken überhäufen, um zu zeigen, wie gern sie sich haben. Die Feierlichkeiten beginnen mit dem Heiligen Abend. Großer Höhepunkt ist der 25. Dezember, an dem ein großes Fressen stattfindet.

Wolke 7, die; kommt nur in einem Himmel voller Geigen vor. Löst sich bei sieben Tagen Regenwetter in Luft auf.

WTF; Abkürzung des Ausrufes »What the fuck!«, zu deutsch etwa »Was zur Hölle?« oder wortwörtlich übersetzt »Was zum Fick?«.

X

Xanthippe; über die Frau des griechischen Philosophen *Sokrates* gibt es wenige Aufzeichnungen. Einig ist sich die Geschichtsschreibung aber ihre blonden Haare und ihre Übellaunigkeit betreffend. X. wird fast ausschließlich als meckernde, schimpfende Zicke dargestellt, die den Nachttopf über dem Kopf ihres Ehemanns ausleerte.

Xenophilie, die; Vorliebe für Fremde, für den/die Unbekannte/n, aber auch für unbekannte Dinge und Menschen generell.

Y

Y-Chromosom, das; Geschlechtschromosom in Schoßform, schuld an der Ausbildung des männlichen Phänotyps.

Z

Zeus; höchste Gottheit in der griechischen Mythologie; Gründer und Dauerbewohner des Bergs *Olymp*. Obwohl Zeus' Tochter *Aphrodite* die offizielle Göttin der Liebe und überliefertermaßen ein totales *Hottie* war, musste sie den größten Teil ihres Lebens in einer Zwangsehe mit »Eisengesicht« *Hephaistos* fristen.

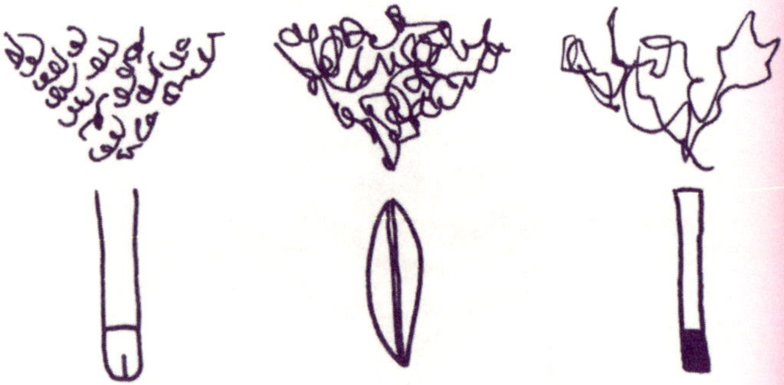

Zigarette danach, die; findet ihre Verwendung nach dem vorausgegangenen Geschlechtsakt. Vielen glühenden Liebhabern entfacht sie das Feuer noch einmal.

Zote, die; pseudoderber, vermeintlicher Witz, Spruch oder Begriff mit Altherrencharakter. Wie durch einen Zufall befindet sich der Gutshof, in dem dieses Lexikon entstand, in dem kleinen Ort »Sauen« – ein Wort, das als Verb seit dem 17. Jh. nichts anderes bedeutet als »Zoten reißen«.

Zuckerschnecke

Zuckerschnecke, die; ein an *Diabetes mellitus* erkranktes, etwa fingerlanges, zumeist übergewichtiges Weichtier. Auch ein gebräuchlicher Kosename für geliebte Personen.

Zungenkuss, der; (auch *französischer Kuss, florentinischer Kuss* oder *Seelenkuss*) bezeichnet eine Kusspraktik, bei der sich die Zungen berühren. Neben dem Menschen scheinen bisherigen Beobachtungen zufolge lediglich *Orang-Utans* und *Bonobos* diese Variante des Kusses zu beherrschen.

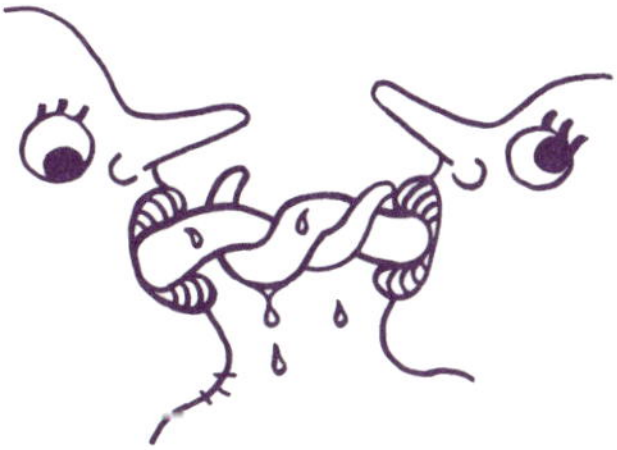

Zuflucht, die; Liebe hat die Fähigkeit, in dunklen Zeiten – solchen der Verfolgung oder Ratlosigkeit – einen Ort der Zuflucht, Sicherheit und Geborgenheit zu bieten.

Erste Auflage

Verlag
Verlag Hermann Schmidt
Gonsenheimer Straße 56
55126 Mainz
info@verlag-hermann-schmidt.de
www.verlag-hermann-schmidt.de
facebook: Verlag Hermann Schmidt
twitter: VerlagHSchmidt

ISBN 978-3-87439-879-4

**Printed
in Germany
with Love.**

Herausgeber
Fons Hickmann
Martin Conrads
Franziska Morlok

Klasse Prof. Fons Hickmann
Universität der Künste Berlin
www.klassehickmann.com
facebook: Klasse Fons Hickmann

Gestaltung
Marie Scheffzük

Umschlaggestaltung
Marc Damm

Illustrationen und Lexikonartikel
Johannes Ammler, Jolanda Buck, Catharina Dörr, Constantin Engelmann, Daniela Fetz, Berit Gilma, David Gobber, Elias Hanzer, Timm Hartmann, Nora Hollstein, Clemens Jahn, Vera Kellner, Andy King, Marion Alina Kliesch, Victoria Knabe, Lucas Liccini, Franziska Loos, Siyu Mao, Cathrine Mason, Tucker McLachlan, Anne-Sophie Plèche, Majada Ramadan, Stefanie Rau, Anne Retsch, Esra Rotthoff, Benedikt Rottstegge, Marie Scheffzük, Susann Stefanizen, Pia Steidl, Lena Wessel, Yimeng Wu, Denis Yılmaz

Schriften
Circular (Lineto)
Tiempos (Klim)

Papier
Favini Softy White, 120 g/m²
Alster Werkdruck, 100 g/m², 1.75 vol

Gesamtherstellung
Kösel, Altusried